LA BATALLA DE AUSTERLITZ

Napoleón frente a la tercera coalición

Por Mélanie Mettra
En colaboración con Thomas Jacquemin
Traducido por Marina Martín Serra

Historia | en50MINUTOS.es

LA BATALLA DE AUSTERLITZ

DATOS CLAVE

- **¿Cuándo?** El 2 de diciembre de 1805.
- **¿Dónde?** En Austerlitz (entre Slavkov y Brno, República Checa).
- **¿Contexto?** Las guerras napoleónicas y la tercera coalición europea.
- **¿Beligerantes?** Francia contra la tercera coalición, formada principalmente por Rusia, Austria (el Sacro Imperio Romano Germánico) e Inglaterra.
- **¿Actores principales?**
  - Napoleón I, emperador de los franceses (1769-1821).
  - Alejandro I, zar de Rusia (1777-1825).
  - Mikhail Kutuzov, mariscal ruso (1745-1813).
  - Francisco II, emperador del Sacro Imperio Romano Germánico (1768-1835).
- **¿Resultado?** Victoria francesa.
- **¿Víctimas?**
  - Bando francés: entre 1300 y 1500 muertos y cerca de 7000 heridos.
  - Bando austro-ruso: alrededor de 2600 muertos y más de 11 000 prisioneros.

INTRODUCCIÓN

Francia le declara la guerra a Austria en abril de 1792, tras lo cual se sume durante más de 20 años en un conflicto permanente contra Europa. Poco después de esta declaración, en mayo de 1792, Austria y Prusia son las primeras en formar una coalición contra Francia. Ante las provocaciones imperialistas de Napoleón I, a esta primera coalición le sucederán dos más. La tercera, formada a finales del verano de 1805, está integrada por Austria, Prusia, Suecia, Gran Bretaña y Rusia.

La Gran Armada renuncia invadir Inglaterra y avanza hacia Europa del Este. Tras haber derrotado al general austríaco Karl Mack (1752-1828) en Ulm y haber ocupado Viena, los siete cuerpos del ejército francés avanzan hacia las tropas austríacas y rusas que, a finales de noviembre de 1805, se han juntado cerca de Olomouc.

Los ejércitos de los tres emperadores se despliegan sobre la llanura de Austerlitz durante la noche del 1 al 2 de diciembre de 1805: el de Napoleón I, emperador de los franceses, el de Francisco II, emperador del Sacro Imperio Romano Germánico, y el de Alejandro I, zar de Rusia. La batalla recibe así el nombre de «batalla de los tres emperadores». El 2 de diciembre, día del aniversario de la coronación de Napoleón I, la llanura de Austerlitz aparece rodeada de niebla que oculta el sol incluso cuando empieza el combate.

CONTEXTO POLÍTICO Y SOCIAL

UNA EUROPA UNIDA EN COALICIÓN

Rápidamente, la amenaza que la Revolución francesa (1789) representa para la monarquía causa inquietud en las cortes europeas, en especial en la de Austria —María Antonieta (reina de Francia, 1755-1793) es una princesa austríaca, hermana del emperador Leopoldo II (1747-1792) y tía del emperador Francisco II—.

Con el objetivo de defender la Revolución y de llevarla a los pueblos extranjeros oprimidos, en abril de 1792 la Asamblea Legislativa de Francia declara la guerra a Austria y a Prusia. Un mes después, los dos Estados amenazados deciden aliarse y rápidamente se les unen las Provincias Unidas (Holanda), Inglaterra, España, Portugal, Cerdeña, el reino de las Dos Sicilias y los Estados Pontificios. Sin embargo, las victorias francesas ponen fin a esta primera alianza, ya que permiten que las tropas de la República puedan invadir los Países Bajos austríacos (territorios de la Bélgica actual) y las Provincias Unidas. La primera en retirarse de la alianza es Prusia (Tratado de Basilea, 5 de abril de 1795), seguida por las Provincias Unidas (Tratado de La Haya, 16 de mayo de 1795) y por España (Tratado de Basilea, 22 de julio de 1795). Austria, que sigue participando en la contienda, sufre los reveses de la campaña de Italia conducida por el general Napoleón Bonaparte y firma el Tratado de Campoformio (18 de octubre de 1797). Francia amplía sus fronteras en Bélgica, más allá del Rin, y establece repúblicas hermanas en Italia.

Por su parte, Inglaterra prepara una nueva alianza, ya que teme en particular que la Revolución se contagie a su importante población obrera, reprimida con mano de hierro por el gobierno de William Pitt (primer ministro británico, 1759-1806). A partir del mes de septiembre de 1798, se alía con la poderosa Rusia, y rápidamente se les unen Austria y el Imperio otomano. Esta segunda coalición empieza con mejores auspicios que la primera, y logra volver a apoderarse de los territorios franceses en Italia. No obstante, sus esperanzas se ven rápidamente frustradas, sobre todo con el retorno de Napoleón Bonaparte de la campaña de Egipto. Tras haber atravesado el puerto del Gran San Bernardo con sus tropas durante un episodio que ha pasado a la posteridad (mayo de 1800), el general francés reconquista Italia. Austria firma su capitulación con el Tratado de Lunéville (9 de febrero de 1801), Rusia, a su vez, se retira con el Tratado de París (8 de octubre de 1801) e Inglaterra, debilitada, firma el Tratado de Amiens el 25 de marzo de 1802.

Bonaparte atravesando los Alpes por el Gran San Bernardo,
pintura de Jacques-Louis David, 1801.

Sin embargo, esta paz tan frágil durará apenas un año: la romperán un Napoleón I que persigue sus ambiciones expansionistas y una Inglaterra poco dispuesta a respetarla. William Pitt, tras un primer mandato ya marcado por su hostilidad hacia Francia, regresa al poder en 1804 y no tarda en volver a proponer la idea de una alianza europea contra el emperador de los franceses. En efecto, aunque Inglaterra lleva a cabo campañas decisivas por mar y se hace con muchas colonias francesas, no es tan eficaz en territorio continental y necesita aliados en el lugar para proteger su territorio, tan codiciado por Napoleón I. Asimismo, al final de la primavera de 1805 se organiza una tercera coalición, formada por Inglaterra, Rusia, Austria, Nápoles y Suecia. En verano de 1805, la Gran Armada de Napoleón I está asentada cerca de Boulogne-sur-Mer, preparada para conquistar el territorio británico.

LA GRAN ARMADA

El sobrenombre de «Gran Armada» que reciben las tropas napoleónicas viene del *Boletín de la Gran Armada*: publicado entre 1796 y 1815, este ofrece relatos del día a día y en vivo de las campañas napoleónicas, escritos o dictados por el mismo emperador o por uno de los miembros de su Estado Mayor. Se trata, al mismo tiempo, de una herramienta de análisis de las batallas y de una obra de propaganda.

Este sobrenombre empieza a usarse a partir de 1805, cuando en Boulogne-sur-Mer se reconstituyen los ejércitos de las costas oceánicas que lucharon durante las guerras de Vendée (1793-1796) y que representan cerca de la mitad del ejército francés (alrededor de 240 000 hombres).

El ejército napoleónico es, en primer lugar, un ejército de conscripción: de ella provienen cerca de dos tercios de los soldados. Mientras que, durante los primeros años de la Revolución, el reclutamiento de tropas se basaba en el voluntariado, desde la Ley Jourdan-Delbrel (5 de septiembre de 1798), se inscribe a todos los hombres que tienen 20 años en listas de reclutamiento, en las que aparecerán durante cinco años. Durante este periodo, pueden llamarlos al servicio de la nación en cualquier momento. Muchos jóvenes a los que llaman, sin embargo, consiguen que les sustituyan o no se presentan. La conscripción se respetará más a partir de 1806, en particular gracias a la aplicación de medidas de represión más eficaces.

Al lado de los franceses también se reclutan, por varios medios, tropas extranjeras que, en 1805, representan un poco más del 15 % de los efectivos de la Gran Armada: prisioneros, voluntarios procedentes de territorios anexionados o aliados, o incluso reclutas conseguidos tras un acuerdo. Constituyen, en primer lugar, tropas de apoyo en los campos de batalla, o de mantenimiento del orden tras las hostilidades, antes de colocarse en primera línea, en particular durante la campaña de Rusia (1812).

A los diferentes cuerpos (infantería, caballería y artillería) les sigue un dispositivo importante: el cuerpo de ingenieros militares, compuesto por ingenieros y obreros que aseguran el apoyo logístico; el servicio médico; y la intendencia, que asegura el abastecimiento de las tropas con alimentos y material.

¿SABÍAS QUE...?

El servicio médico de las guerras napoleónicas realizó muchos progresos, en particular gracias a los esfuerzos de Dominique-Jean Larrey (cirujano militar francés, 1766-1842) y también de Pierre-François Percy (cirujano francés, 1754-1825).

Durante la Revolución y el Imperio, las campañas están marcadas por un aumento significativo de las pérdidas humanas en relación con las guerras del Antiguo Régimen. Los campos de batalla, además de estar repletos de muertos, están llenos de heridos que, a veces, tienen que esperar horas antes de que les trasladen a hospitales de campaña.

Pierre-François Percy, que es consciente de que un herido tiene más posibilidades de sobrevivir si lo curan rápidamente, transforma en el año 1800 algunas cureñas en ambulancias, encargadas de recorrer rápidamente el campo de batalla para que los heridos reciban los primeros auxilios. En 1813, Dominique-Jean Larrey crea el primer cuerpo de camilleros y de «ambulancias volantes», que auxilian a los soldados sin hacer distinciones por nacionalidad.

La Gran Armada asentada en Boulogne-sur-Mer en agosto de 1805 cuenta con siete cuerpos, dirigidos respectivamente por los generales Jean-Baptiste Bernadotte (mariscal de Francia, 1763-1844), Auguste Frédéric Viesse de Marmont (mariscal de Francia, 1774-1852), Louis Nicolas Davout (mariscal de Francia, 1770-1823), Jean de Dieu Soult (mariscal de Francia, 1769-1851), Jean Lannes (mariscal de Francia, 1769-1809), Michel Ney (mariscal de Francia, 1769-1815) y Pierre Augereau (mariscal de Francia, 1757-1816). Les respalda la

Guardia Imperial, bajo la autoridad de los generales Édouard Adolphe Mortier (1768-1835) y Joachim Murat (1767-1815). La Guardia Imperial, encargada de velar por la seguridad del emperador, es un ejército de élite, compuesto por los soldados más brillantes reclutados en los otros cuerpos del ejército. En 1805, cuenta con un poco más de 10 000 hombres: granaderos, caballeros, artilleros, pero también marines y mamelucos (soldados de élite otomanos). A partir de 1809, la Guardia se dividirá en dos clases:

- la Joven Guardia, formada por los jóvenes reclutados;
- la Vieja Guardia, cuerpo prestigioso reservado para los soldados que han hecho cuatro campañas o que se han distinguido en sus combates. A estos últimos se les llama «grognards» que, en francés, significa «quejicas», por sus continuas quejas sobre sus condiciones de vida.

La Guardia Imperial, modelo de pugnacidad y de eficacia para el resto de los ejércitos napoleónicos, destaca en todas las grandes batallas y, en particular, en Austerlitz.

LA CAMPAÑA DE AUSTRIA

Austerlitz es la batalla principal de la campaña de Austria, que da comienzo a mediados de agosto de 1805. Napoleón I planea invadir Inglaterra desde hace meses. Para conseguirlo, atrae la flota británica hacia el Caribe y España, para alejarla de la Mancha; reconstituye el Ejército de las Costas Oceánicas en Boulogne-sur-Mer; y, finalmente, emprende la construcción de barcos de fondo plano, destinados a atravesar la Mancha.

Inglaterra, por su parte, tiene que aumentar las fuerzas defensivas. Lo logrará gracias a los 380 000 hombres que se presentan voluntarios para defender a su país contra los franceses. Al mismo tiempo, Austria se une a la alianza sellada entre Inglaterra y Rusia, y enseguida el ejército austríaco del general Karl Mack penetra en Baviera y en los grandes ducados de Baden y de Wurtemberg, territorios aliados del Imperio francés. Las tropas rusas del general Mikhail Kutuzov, por su parte, se juntan en Viena.

Desde la batalla del cabo de Finisterre, que tiene lugar el 22 de julio de 1805, el proyecto de invasión de Inglaterra de Napoleón I se ve comprometido: la flota francesa está bloqueada en el puerto de Cádiz (España), y el emperador tiene que enfrentarse a las tergiversaciones del almirante Pierre Charles de Villeneuve (1763-1806). En este contexto, lanza a su Gran Armada hacia el Rin el 29 de agosto de 1805: menos de una semana después de salir de Boulogne, la primera en cruzarlo es la caballería de la Guardia, bajo el mando de Joachim Murat. En menos de un mes se le unirá el resto de la Armada, y las tropas francesas ganarán varias ba-tallas contra los austríacos, obligando al general Karl Mack a replegarse en Ulm. La ciudad, bajo asedio desde el 15 de octubre de 1805, capitula cinco días después. Esta victoria francesa resulta decisiva: perjudica a la mayor parte de las fuerzas austríacas y representa un duro golpe para el ánimo del Estado Mayor ruso, que opta por replegarse.

Napoleón acepta la rendición del general Mack y del ejército austríaco en Ulm. Pintura de Charles Thévenin.

Napoleón I, con el objetivo de proteger sus flancos y de asegurar su ruta hacia Viena, divide a la Gran Armada en columnas encargadas de ralentizar el progreso y el reagrupamiento de las tropas enemigas: al mismo tiempo que Joachim Murat persigue a Mikhail Kutuzov y a Piotr Ivanovich Bagration (general ruso, 1765-1812), que están en plena retirada, André Masséna (mariscal francés, 1758-1817) persigue a las tropas del archiduque Carlos Luis de Austria (1771-1847), hermano del emperador Francisco II, hacia el norte de Italia. En cuanto a Michel Ney y Jean-Baptiste Bernadotte, se dirigen al Tirol para contrarrestar a las tropas del archiduque Juan de Austria (1782-1859). Los ejércitos austro-rusos no logran agruparse, por lo que Viena es tomada sin combate y Napoleón I se instala en ella el 14 de noviembre. El 19 de noviembre, el ejército de Mikhail Kutzov está en Olomouc, donde finalmente puede juntarse con los refuerzos rusos y con las tropas austríacas del príncipe Juan I de Liechtenstein (1760-1836). El 21 de noviembre, Napoleón I llega cerca de Brno. Frente a él se extienden los 150 km^2 de la llanura de Austerlitz, rodeada de lagos helados, y los Altos de Pratzen.

¿SABÍAS QUE...?

Aunque Napoleón I utiliza estratagemas habitualmente, la toma de Viena del 13 de noviembre de 1805 se la debe a sus generales: Jean Lannes y Joachim Murat toman la ciudad sin combatir gracias a una estratagema propia. Los hombres de los generales Henri Gatien Bertrand (1773-1844), Jean Lannes y Joachim Murat llegan ante el puente de la ciudad y sorprenden a los hombres que hacen guardia en él, que huyen. La guardia de la ciudad se dispone a hacer explotar el puente, pero los generales aseguran que vienen en son de paz, ya que se ha firmado un armisticio, y argumentan que les están esperando para una entrevista con el príncipe de Auersperg (1781-1827), que controla la ciudad. Esto hace dudar a los austríacos, que no saben si deben destruir el puente. El príncipe Auersperg recibe a los dos hombres, mientras las tropas francesas penetran en Viena sin que se produzca ni un solo disparo. La guardia austríaca, muy asombrada por su error, se apresurará a marcharse de la ciudad para no caer en manos de los franceses.

ACTORES PRINCIPALES

NAPOLEÓN I, EMPERADOR DE LOS FRANCESES

Los inicios de la carrera militar

Napoleón Bonaparte nace en Ajaccio el 15 de agosto de 1769. Hijo de Letizia Ramolino (1750-1836) y de Carlos Bonaparte (1746-1785), es el segundo de ocho hermanos, y le ofrecerá un reino a cada uno de ellos cuando sea emperador.

Procedente de la antigua nobleza italiana empobrecida, nacido en una isla que antaño era genovesa y que acaba de pasar a manos francesas, Bonaparte viaja muy pronto hacia el continente, en calidad de becario. Estudia primero en el colegio de Autun antes de entrar en la escuela militar de Brienne, y finalmente en la de París. Es un estudiante reservado con pocos amigos, pero se distingue en los estudios y muestra interés por las matemáticas, la lectura de los filósofos y la literatura francesa.

En 1785 entra en la artillería, donde permanecerá hasta 1791. Durante ese periodo, participa en la revolución que conduce en Córcega Pascal Paoli (político corso, 1725-1807), antes de participar en las primeras pruebas de fuerza revolucionarias: la represión de los federalistas en Marsella y la reconquista de Tolón (19 de diciembre de 1793), que le hará ascender al rango de general.

En política, se esfuerza por aliarse con los movimientos influyentes del momento. Sin embargo, sus vínculos con los jacobinos le causarán algunos disgustos tras la caída de Maximilien Robespierre (político francés, 1758-1794). Tras haber sido encarcelado varios meses, su amistad con los nuevos dirigentes en el poder, como Paul Barras (político francés, 1755-1829) o Jean-Lambert Tallien (político francés, 1767-1820) le permite entrar en la Oficina Topográfica donde, junto con Lazare Nicolas Marguerite Carnot (político y científico francés, 1753-1823) planifica la futura campaña de Italia. Paul Barras, que en aquel entonces es presidente de la Convención, le encarga que reprima la insurrección realista del 13 de vendimiario (5 de octubre de 1795).

En marzo de 1796 contrae matrimonio civil con María Josefa Rosa Tascher de la Pagerie (1763-1814) —a la que llaman «Josefina»— y, pocos días después, recibe el mando de los ejércitos de Italia. Napoleón Bonaparte lleva a cabo una campaña fulminante, a pesar de la inferioridad numérica de las tropas francesas, y acumula una victoria tras otra.

La popularidad de Bonaparte dibuja la visión de una carrera política importante para él. Sin embargo, los hombres del Directorio, conscientes del peligro que representaría, buscan alejarlo de esta trayectoria. Entonces, cuando Napoleón les propone ir a reconquistar el Mediterráneo, que está en manos de los británicos, aceptan aliviados. Sin embargo, la campaña de Egipto (1798-1799), marcada por impresionantes victorias, no conseguirá reducir el poder inglés.

Cuando vuelve a Francia, el Directorio está en plena desbandada: se reúnen todas las condiciones necesarias para que se produzca un golpe de Estado. El 18 de brumario del año VIII (9 de noviembre de 1799), el gobierno del país se le confía a tres cónsules: Napoleón Bonaparte, Emmanuel Joseph Sieyès (político francés, 1748-1836) y Roger Ducos (político francés, 1747-1816).

El Consulado

En diciembre, el cónsul Bonaparte publica la Constitución del año VIII, que lo designa primer cónsul y concentra el poder en sus manos. Primer cónsul durante diez años, ostenta el poder ejecutivo, judicial y militar. Los otros dos cónsules a los que también se ha nombrado, Jean-Jacques Régis de Cambacérès (estadista y jurista francés, 1753-1824) y Charles-François Lebrun (político francés, 1739-1824) solamente tienen una función consultiva.

Napoleón Bonaparte no renuncia a su papel de jefe militar, a pesar de la importancia de su nuevo título. En ese momento, Francia está en guerra contra los ejércitos de la segunda coalición y, tras cruzar el puerto del Gran San Bernardo y ganar en Marengo, obliga de nuevo a Austria a firmar un tratado de paz. Del mismo modo, logra hacer tratos con Inglaterra.

La popularidad del primer cónsul se ve reforzada por sus acciones de consolidación de los logros de la Revolución, así como por la pacificación y la reunificación de una Francia desgarrada por las guerras de Vendée. Napoleón firma un concordato con el papa Pío VII (1742-1823), reinstaura la libertad de culto y reorganiza la administración creando la función de prefecto. Asimismo, desarrolla una red de enseñanza pública de calidad, lanza los grandes trabajos de redacción del Código Civil y del Código Penal y pone en marcha el Banco de Francia y una moneda, el franco germinal. Su obra, prueba del poder sobre todos los órganos de administración del país, también participa en la refundación de una nación unificada por los principios fundamentales de la Revolución.

Sin embargo, Napoleón Bonaparte debe enfrentarse continuamente a problemas internos y externos: sigue envuelto en un conflicto con Gran Bretaña y sufre dos intentos de atentado, en diciembre de 1800 y en marzo de 1804, a los que responderá con violencia. Este último, llevado a cabo por Georges Cadoudal (jefe chuan y conspirador francés, 1771-1804), hará que Napoleón mande guillotinar a su autor y asesinar al duque de Enghien, príncipe de la casa de los Borbones, porque sospecha que ha participado en la conspiración. Tras estos sucesos, las naciones europeas entran en cólera. Poco después, el 18 de mayo de 1804, el Senado proclama a Napoleón emperador de los franceses y, el 2 de diciembre del mismo año, Bonaparte es coronado por el Papa Pío VII en Notre Dame de París.

El Imperio y las guerras napoleónicas

El Imperio se ve marcado por una serie de campañas contra los países de Europa que se alían en sucesivas coaliciones. Francia sigue amenazada por el poder británico, a pesar de haber conseguido en un primer momento importantes victorias (Ulm, Austerlitz, Jena, Friedland) y de haber conducido a la desaparición del Sacro Imperio Romano Germánico, a la creación de la Confederación del Rin en Alemania y a la de los reinos dirigidos por los fieles de Napoleón I en Italia y en el Sacro Imperio. A pesar de la implementación del bloqueo continental en 1807, Inglaterra no desiste en su propósito de vencer al emperador de los franceses. Poco a poco, los fracasos van sucediendo a los triunfos del inicio del Imperio. La guerra civil en España, el auge del sentimiento nacional en Alemania y el descontento ruso frente al bloqueo generan nuevos conflictos.

Para la Gran Armada, la campaña de Rusia constituye una prueba sin precedentes. A pesar del matrimonio de Napoleón I con María Luisa (archiduquesa de Austria, emperatriz de los franceses, 1791-1847), el Imperio austríaco se une a Prusia, Rusia y Alemania en una nueva coalición contra el emperador, y la campaña se salda en marzo de 1814 con la entrada de los aliados a París y el 6 de abril con la abdicación de Napoleón I, que se exilia en la isla de Elba, de la que es nombrado soberano.

El final de un reinado

Napoleón se ocupa durante un tiempo de la administración de su nuevo reino y prepara activamente su retorno a Francia. El 1 de marzo de 1815, apenas un año después de su exilio, desembarca en el golfo Juan y vuelve a subir hacia París siguiendo la ruta de los Alpes. Por el camino, logra sumar a su causa a todas las tropas que se habían enviado para combatir contra él y alcanza la capital francesa el 21 de marzo. Los republicanos enseguida se muestran desconfiados, y las naciones europeas forman rápidamente una nueva coalición. La guerra se reanuda y, tras cien días de reinado, Napoleón I es derrotado en Waterloo el 18 de junio de 1815, por lo que vuelve a abdicar. Esta vez, los ingleses lo deportan lejos de las costas francesas, a una pequeña isla del Atlántico Sur, llamada Santa Elena, donde morirá el 5 de mayo de 1821.

ALEJANDRO I, ZAR DE RUSIA

La llegada al poder

Alejandro Pavlovich Romanov nace el 23 de diciembre de 1777 en San Petersburgo. Es hijo del futuro zar Pablo I (1754-1801) y de Sofía Dorotea de Wurtemberg (1759-1828). Cuando llega al mundo, su abuela, la emperatriz Catalina II (1729-1796) dirige Rusia con mano de hierro. Mantiene una pésima relación con Pablo, su hijo, que no sabe si es ilegítimo, fruto de la relación con uno de los numerosos amantes de su madre, o legítimo, hijo del zar Pedro III (1728-1762), cuyo asesinato sospecha que fue instigado por la misma Catalina. La mujer, acostumbrado a controlarlo todo, aparta rápidamente al joven Alejandro de las manos de sus padres con la intención de formarlo según sus designios para que sea su sucesor, en lugar de Pablo.

Así, le confía el niño a Federico César de la Harpe (1754-1838), preceptor suizo apasionado del pensamiento de la Ilustración, que lo educa según los principios del despotismo ilustrado. Catalina también organiza el matrimonio de Alejandro con Luisa Augusta, princesa de Baden (1779-1826), cuando el joven tiene tan solo 16 años. Sin embargo, Catalina muere en 1796 sin haber tomado las disposiciones relativas a su sucesión, por lo que su sucesor al trono del Imperio ruso acaba siendo Pablo I.

Alejandro, que desea poner en práctica sus competencias y sus ideas, participa en la conspiración de Pahlen (23 de marzo de 1801) que pretende destituir a su padre. Sin embargo, este acontecimiento toma un giro dramático y el zar es asesinado. Así pues, Alejandro sucederá a su padre, pero siempre estará marcado por su muerte: no deseaba que se produjera y le hace sentirse culpable de haber participado en ella de forma indirecta.

Un zar versátil

Alejandro I, en sintonía con su educación y su gran admiración por el régimen constitucional inglés, pone en marcha importantes reformas, entre las que destaca la supresión de la censura, la policía secreta y la tortura. Permite que los siervos agrícolas accedan a la libertad y a la propiedad, y mejora la instrucción. No obstante, muchas de sus ideas innovadoras terminan sin aplicarse a causa de la oposición de la nobleza rusa y de la falta de pugnacidad de un zar que se rinde fácilmente ante los obstáculos.

Desde un punto de vista político, sus primeros años de reinado están marcados por la versatilidad: cuando llega al poder, Rusia es enemiga de Inglaterra, pero él decide declararle la paz. A continuación, se acerca a Napoleón Bonaparte antes de volver a convertirse en aliado de Gran Bretaña en la tercera coalición que les enfrenta al emperador de los franceses. Derrotado en Austerlitz, Eylau (8 de febrero de 1807) y Friedland (14 de junio de 1807), firma el Tratado de Tilsit (julio de 1807) y vuelve a convertirse en aliado de Napoleón I, combatiendo a su lado contra Inglaterra y Suecia.

Sin embargo, a partir de 1809, frente al poco reconocimiento de Francia, Alejandro I se alía con el Imperio otomano y se prepara para enfrentarse al emperador francés. Este se le adelanta y emprende la terrible campaña de Rusia. Apoyándose en su éxito, el zar dirige la alianza contra Francia con gran determinación e instiga la campaña de Francia, entrando en París el 31 de marzo de 1814.

Una determinada visión de la política

Tras haber redibujado la silueta de Europa en el Congreso de Viena (septiembre de 1814-junio de 1815) con los representantes franceses, austríacos, prusianos, ingleses e italianos, desmembrando y redistribuyendo los Estados, propone la idea de la Santa Alianza. Influenciado por las ideas místicas y pietistas de la baronesa de Krüdener (mujer de letras rusa, 1764-1824) y de su asesor Dimitri Golitsyn (general y hombre de letras ruso, 1771-1844), tiene la voluntad de mantener a los pueblos y las naciones, que ahora están restablecidos en un orden supuestamente tradicional, en una paz impregnada de los ideales del cristianismo. La Alianza, a la que al principio se suman Prusia y Austria y luego la Francia de Luis XVII (1785-1795), se disuelve tras la muerte del zar.

Un final de reinado nada fácil

Mientras Alejandro intenta abolir la servidumbre en los países bálticos y establecer un régimen constitucional en Rusia, los levantamientos que se producen en el ejército ruso hacen que, a la fuerza, deba realizar un giro de 180 grados. Desilusionado y afligido, restablece y refuerza la censura, rechaza las sociedades místicas, restablece la Iglesia ortodoxa como pilar de su poder autoritario y vuelve a instaurar la deportación a Siberia de los siervos, sin juicio previo.

Muere el 1 de diciembre de 1825 en circunstancias que siguen siendo confusas. Algunos afirman que habría fingido su muerte para vivir una vida de ermitaño. Este misterio se ve reforzado por el hecho de que cuando Alejandro III (1845-1894) —sobrino nieto de Alejandro I— ordenó abrir su tumba, no se encontró ningún cuerpo.

MIKHAIL KUTUZOV, MARISCAL RUSO

Mikhail Kutuzov nace en San Petersburgo el 16 de septiembre de 1745. Hijo de un general de Pedro I Magno (zar y emperador de Rusia, 1672-1725), entra en la escuela militar a una edad muy temprana. A partir de 1759, sirve a la emperatriz Catalina II durante las guerras contra Polonia y luego contra el Imperio otomano.

Gracias a su fidelidad a la corona de Rusia recibe muchos nombramientos: embajador en Constantinopla (1793), gobernador de Finlandia y de Ucrania y gobernador militar de San Petersburgo. Pero, tras la muerte de Pablo I, Alejandro I lo mantiene alejado de los cargos de responsabilidad e ignora sus advertencias durante la batalla de Austerlitz, ya que Kutuzov se negó a participar en el complot de Prahlen. Kutuzov sospecha que Napoleón I les tenderá una trampa, consistente en hacerles creer que sus tropas se repliegan para atraerlos a su territorio, pero el Estado Mayor ruso, convencido de la invencibilidad de su ejército, rechaza sus sabios consejos. El resultado de la batalla le dará la razón y, a pesar de la capacidad del mariscal para efectuar un repliegue de las tropas ordenado, el desprecio que Alejandro I siente hacia él no hace más que aumentar.

Kutuzov no recibirá ningún favor del zar hasta que se produzcan, gracias a su papel determinante, las victorias contra el Imperio otomano y la firma de la Paz de Bucarest (mayo de 1812). En agosto de 1812, Alejandro le confiará el mando de los ejércitos rusos, cuando la Gran Armada napoleónica entra en Rusia. Derrotado en la batalla del Moskova (7 de septiembre de 1812), consigue hacer batir en retirada a su ejército y emprende operaciones de guerrilla que anunciarán el fin de la Gran Armada. Cuando se repliega, perjudica las comunicaciones francesas y lleva a cabo una política de la tierra quemada, sin dejar ningún recurso para las tropas imperiales: le legará a Napoleón una Moscú arrasada por los incendios ordenados por el gobernador de la ciudad.

El emperador de los franceses se verá obligado a retirarse hacia el oeste en pleno invierno, para encontrar cobijo y alimentos para su ejército. Sin embargo, Mikhail Kutuzov no le deja retirarse en paz: lo persigue sin cesar hostigándolo mediante incursiones de pequeños grupos armados, que debilitan y desmoralizan a las ya agotadas tropas francesas. Asimismo, el 17 de noviembre de 1812, vence a Michel Ney y a Louis Nicolas Davout en Smolensk, por lo que recibe el título de príncipe de Smolensk.

Muere a causa de una septicemia el 28 de abril de 1813, en la cúspide de su gloria, justo después de haber invadido Polonia.

FRANCISCO II, EMPERADOR DEL SACRO IMPERIO ROMANO GERMÁNICO

Hijo de Leopoldo II, gran duque de Toscana y luego emperador del Sacro Imperio Romano Germánico, nace en Florencia el 12 de febrero de 1768. Su tío, el emperador José II (1741-1790), no tiene heredero, por lo que Leopoldo accede al trono de la casa de Austria. En 1792, cuando muere Leopoldo, Francisco hereda el trono.

El joven rey, que es sobrino de María Antonieta, pronto se verá involucrado en la guerra contra la Francia revolucionaria. A pesar de que posee buenas dotes de dirigente y de que su hermano tiene grandes cualidades en el plano militar, todos sus enfrentamientos con la República y luego con el Imperio francés terminan en fracaso. Tras verse obligado a firmar la Paz de Campoformio en 1797, el Tratado de Lunéville en 1801 y el Tratado de Presburgo en 1806, pierde una parte considerable de sus territorios. Además, la firma del último le obliga a poner fin al Sacro Imperio: gran parte de los príncipes alemanes se han unido a la nueva Confederación del Rin creada por Napoleón I tras su victoria contra la tercera coalición en Austerlitz. El Sacro Imperio se ha desmembrado: ha perdido los Países Bajos y una parte del norte de Italia, y ya no tiene razón de ser. El territorio que le queda se convierte en el Imperio de Austria, y Francisco II se convierte en Francisco I.

Napoleón y Francisco II tras la batalla de Austerlitz.

Durante las guerras de la cuarta coalición, sufre una nueva derrota, y en 1810 acaba concluyendo una alianza matrimonial con Napoleón I acordándole la mano de su hija María Luisa. Sin embargo, a partir de 1813, siguiendo el consejo de Clemente Wenceslao Lotario de Metternich (príncipe y diplomático austríaco, 1773-1859), Francisco II se une a la sexta coalición formada contra el emperador de los franceses, que termina en victoria de los coaligados. Participa en el Congreso de Viena y recupera una gran parte de los territorios perdidos, pero renuncia a restaurar el Sacro Imperio.

Francisco se casa cuatro veces, pero solamente el matrimonio con su segunda esposa, su prima María Teresa de Borbón y de Nápoles (1772-1807), le dará descendencia. Tras su muerte el 2 de marzo de 1835, lo sucede su hijo Fernando

I (1793-1875).

ANÁLISIS DE LA BATALLA

LAS FUERZAS DESPLEGADAS

A principios del mes de diciembre, los ejércitos de los tres emperadores están frente a frente: el bando francés cuenta con cerca de 70 000 hombres repartidos principalmente entre los I, IV y V cuerpos de armada:

- el I, dirigido por el mariscal Jean-Baptiste Bernadotte, cuenta con alrededor de 10 000 hombres;
- el IV, bajo el mando de Jean Soult, dispone de un poco menos de 20 000;
- el V, liderado por Jean Lannes, está formado por cerca de 13 000.

A continuación, se encuentra la Guardia Imperial, cuya infantería, formada por más de 5000 soldados, está dirigida por el mariscal Jean-Baptiste Bessières (1768-1813) y cuya caballería, que cuenta con unos 5500 hombres, lidera el mariscal Joachim Murat. El 2 de diciembre, se les suman los 10 000 hombres del general Louis Nicolas Davout, llegado de Viena.

Bajo el mando del general Mikhail Kutuzov, los 95 000 soldados austro-rusos están repartidos en tres cuerpos principales:

- el del general Piotr Ivanovich Bagration, con un poco menos de 15 000 soldados;
- la vanguardia de Michael von Kienmayer (general aus-

tríaco, 1755-1828) cuenta con:
  - tres columnas de más de 40 000 soldados dirigidos por los generales Ignacy Yakovlevich Przybyszewski (general ruso, c. 1755-1810), Alexandre-Louis Andrault de Langeron (coronel francés y posteriormente general ruso, 1763-1831) y Dimitri Sergueyevich Dokhturov (general ruso, 1756-1816);
  - los 4500 caballeros del príncipe Juan I de Liechtenstein;
  - el cuerpo del general Johann Karl de Kolowrat (general austríaco, 1778-1861) que cuenta con 25 000 soldados;
- la Guardia Imperial rusa dirigida por el gran duque Constantino Pavlovich (1779-1831), hermano del zar Alejandro I, con 8000 hombres.

Tanto los franceses como los aliados cuentan con el apoyo de una importante artillería (alrededor de 200 piezas para los franceses, un poco menos de 300 para los austro-rusos).

ENGAÑAR AL ENEMIGO

Cuando Napoleón I se instala cerca de Brno, sabe, al igual que sus enemigos, que su ejército está en inferioridad numérica, pero que una victoria sobre los austro-rusos es decisiva para continuar con sus objetivos europeos: al acercarse el invierno, Napoleón I se arriesga, si no provoca el conflicto, a tener que esperar a la primavera, con la posibilidad de que las tropas en coalición se vuelvan más fuertes y tomen la iniciativa del ataque, algo que teme.

Así pues, organiza una estrategia con el objetivo de engañar al adversario y de atraerlo hacia el terreno en el que desea combatir, cuya topografía ha estudiado con minuciosidad.

Empieza abandonando los Altos de Pratzen, simulando ante Francisco II y Alejandro I que comienza a retirarse hacia Viena: con tal de dar esa idea, desguarnece el ala derecha de su dispositivo. A continuación, simula empezar a negociar la paz y envía a su ayudante de campo Anne Savary (general francés, 1774-1833) al encuentro de Alejandro I, con unas propuestas que el zar rechaza. Sin embargo, tras esta reunión, Alejandro enviará a Pedro Dolgorúkov (príncipe ruso, 1777-1806) para que negocie con el emperador. Napoleón rechaza las condiciones de los rusos pero, con su maniobra de pedirle al III cuerpo del mariscal Louis Nicolas Davout que se quede en Viena y no acuda al campo de batalla hasta el último momento, logra que Pedro Dolgorúkov y el zar se piensen que el ejército francés está debilitado, poco preparado para la batalla y que solamente dispone de una parte de la Gran Armada.

Al alba del 2 de diciembre, bajo una densa niebla, el grueso de las fuerzas francesas está reunido en el norte y en el centro del campo de batalla, dejando un flanco sur bastante desguarnecido. Las tropas enemigas ocupan los Altos de Pratzen en el centro, y los hombres de Piotr Ivanovich Bagration el norte.

EL ATAQUE DE TELNITZ Y SOKOLNITZ

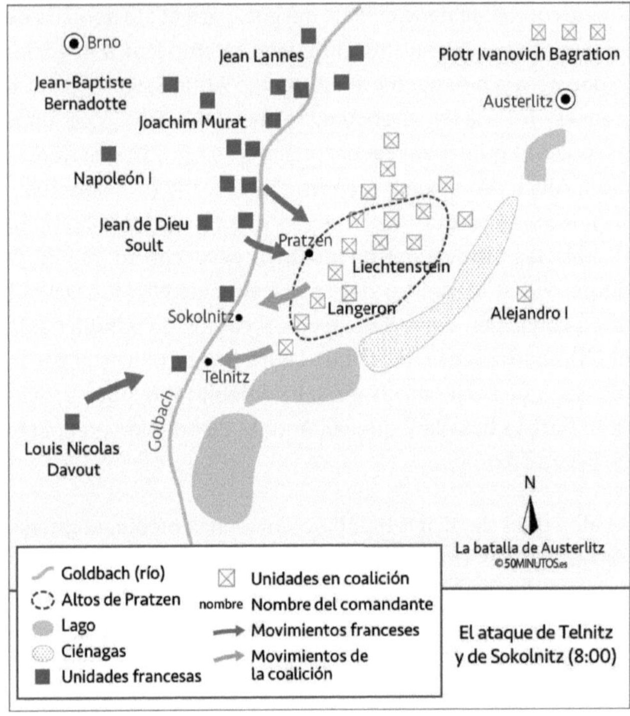

La debilidad que presenta el flanco sur del ejército francés está estratégicamente estudiada: Napoleón I desea atraer a sus enemigos hacia allí para debilitar el dispositivo de los Altos de Pratzen, cuya toma, para él, es la clave de la victoria. La coalición cae en la trampa, a pesar de las advertencias de Mikhail Kutuzov, más perspicaz que el resto del Estado Mayor.

Al alba, una parte de las tropas que defienden Pratzen se dirige hacia los pueblos de Telnitz y de Sokolnitz, con el convencimiento de que las tropas francesas se repliegan y no tienen la intención de atacar los Altos, en un trayecto que se ve complicado por la noche, por la niebla y por una mala organización. Al contrario que el ejército francés, acostumbrado a un reparto riguroso por líneas, filas y columnas y a la intervención en fases sucesivas, las tropas austro-rusas avanzan en medio del desorden e incluso topan con la caballería perdida del príncipe de Liechtenstein, creando una confusión que bloquea el avance de la columna de Alexandre-Louis Andrault de Langeron.

A pesar de llegar con las filas dispersadas, las fuerzas austro-rusas, que bombardean Telnitz, consiguen echar a los franceses del lugar. Estos se retiran, pero la llegada del III cuerpo del mariscal Louis Nicolas Davout, procedente de Viena tras una marcha forzada de más de 100 kilómetros en menos de 48 horas, permite que vuelvan a tomar Telnitz, aunque solamente sea por un tiempo.

En el pueblo de Sokolnitz, el escenario es bastante similar: los austro-rusos toman la ciudad, y luego la pierden ante los franceses del general Louis Friant (general francés, 1758-1829), apoyados por los hombres del general Louis Nicolas Davout.

Al comienzo de la mañana ambos pueblos están en manos de los aliados y las tropas napoleónicas se han agrupado detrás del Goldbach (arroyo al noroeste de Telnitz y de Sokolnitz), dispuestas a cortarle el paso a sus enemigos, ya que el corazón de la batalla se ha desplazado del sur hacia el centro: Napoleón I ha aprovechado la distracción creada en el sur para lanzar las dos columnas del IV cuerpo del general Jean de Dieu Soult al asalto de los Altos de Pratzen, cuya defensa se ha visto debilitada.

El clima en el que habría tenido lugar la batalla de Austerlitz ha pasado a la posteridad gracias al célebre «sol de Austerlitz». La expresión, que a menudo se presenta como una alegoría del propio Napoleón I, hace referencia a un acontecimiento que habría transcurrido durante la mañana del 2 de diciembre. Mientras el ejército austro-ruso desciende los flancos de los Altos de Pratzen con rumbo a los pueblos de Telnitz y de Sokolnitz, en medio de la noche y de la niebla, y Napoleón I prepara su ataque de los Altos, el sol penetra entre la niebla, desvelando el impresionante dispositivo francés a las tropas austro-rusas, que no caben en su asombro. El emperador y sus hombres habrían interpretado este acto del sol como un signo de su victoria.

LA TOMA DE LOS ALTOS DE PRATZEN

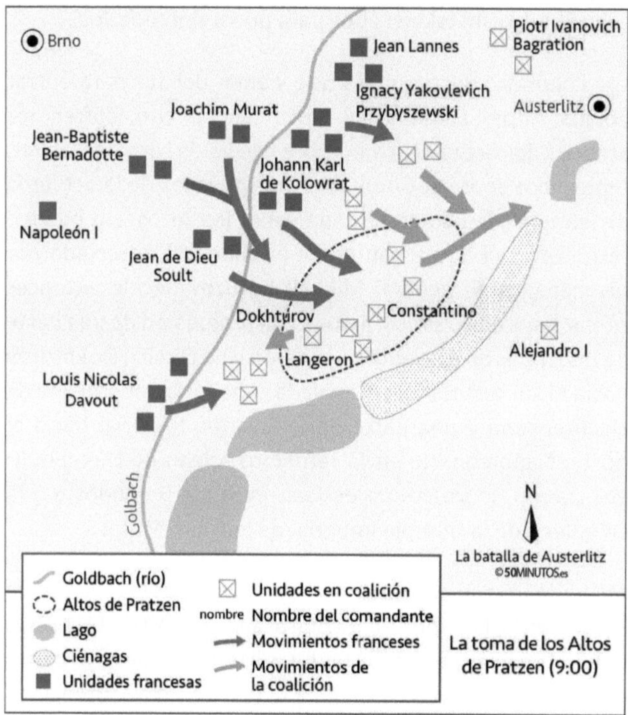

Cuando comienza la mañana, hacia las 9:00, la infantería del IV cuerpo, dirigida por los generales Louis Charles Vincent Le Blond de Saint-Hilaire (1766-1809) y Dominique-Joseph René Vandamme (1770-1830), ataca con bayonetas y con lucha cuerpo a cuerpo a las tropas de los generales Juan Carlos Kolowrat e Ignacy Yakovlevich Przybyszewski que, sorprendidas por este ataque de gran envergadura, se repliegan huyendo en desbandada. Ahora, los Altos están en manos francesas, y la artillería del IV cuerpo de Jean de Dieu Soult se instala en ellos para poder defenderlos.

Las columnas austro-rusas que vienen del sur para entrar en los Altos, aisladas del resto del ejército, sufren los ataques del fuego de los hombres de Louis Nicolas Davout, replegados sobre el Goldbach, y después los de la artillería de Jean de Dieu Soult, situada sobre los Altos. No pueden retroceder, ya que el campo de batalla está encerrado por las ciénagas. El general Mikhail Kutuzov decide entonces cercar a sus adversarios: instiga a la progresión de una parte de las tropas de Alexandre Langeron y de Dimitri Dokhturov hacia el sur de los Altos y envía la caballería del príncipe de Liechtenstein y una parte de la Guardia Imperial hacia el norte. Napoleón I le envía refuerzos a Jean de Dieu Soult: el I cuerpo de infantería de Jean-Baptiste Bernadotte y la caballería de la Guardia Imperial de Joachim Murat.

Mikhail Kutuzov, acorralado, moviliza a todas las fuerzas de las que todavía dispone para que asalten los Altos. El choque entre las tropas de élite de las guardias imperiales francesa y rusa es decisivo. El resultado de la batalla está sentenciado cuando los hombres de Jean-Baptiste Bessières y de Joachim Murat superan a los del gran duque Constantino Pavlovich.

EL DESENLACE

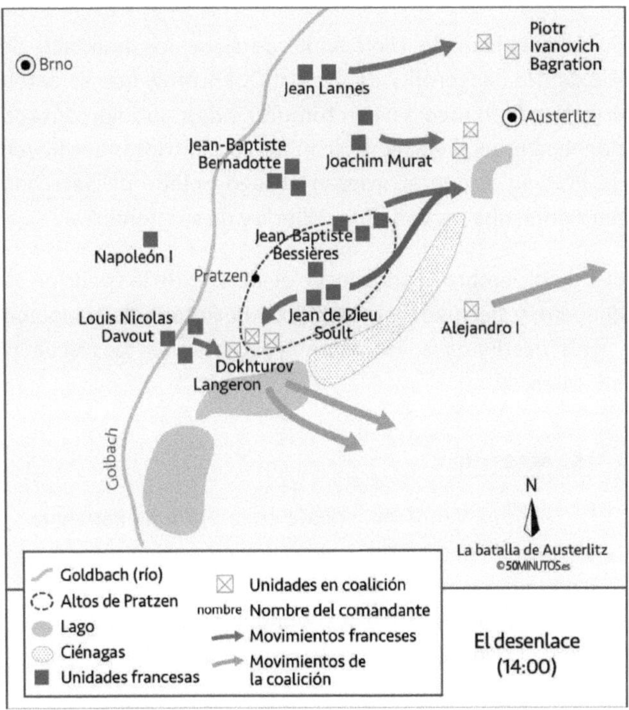

Al atardecer, en los Altos, Napoleón I ha abatido a la Guardia
Imperial rusa y ordena a Jean de Dieu Soult y a Joachim Murat
que persigan a las tropas austro-rusas, en plena retirada.
Los emperadores Francisco II y Alejandro I huyen del escenario de su derrota hacia Olomouc, seguidos horas después
por el cuerpo de armada del general ruso Piotr Ivanovich
Bagration, que acabará retirándose ordenadamente, tras

enfrentarse a la infantería de Jean Lannes y a los refuerzos de la caballería de Joachim Murat.

En el sur, Jean de Dieu Soult persigue los hombres de Alexandre Langeron y de Dimitri Dokhturov, que se baten en retirada en medio de un tumulto indescriptible, causado por el pánico y el encuentro con sus compatriotas que huyen de Pratzen, y que atraviesan el lago helado de Satschan perdiendo una parte de su artillería y de sus hombres.

El 2 de diciembre al anochecer, el ejército de la coalición se encuentra diezmado y esparcido, y la victoria de Napoleón I está destinada a entrar en los anales de las escuelas militares.

¿Sabías que...?

La columna Vendôme, erigida en la plaza de París que lleva el mismo nombre, celebra la victoria de Austerlitz. Inspirada en la columna Trajana de Roma, su altura alcanza casi los 45 metros. Aunque el proyecto lo propone el Consulado, no se pone en marcha hasta 1803, bajo el impulso de Dominique Vivant Denon (director general del Museo del Louvre, 1747-1825). El fuste de la columna, de piedra, está recubierto de una capa de bronce fundido de los cañones tomados a las tropas austro-rusas en Austerlitz, y especialmente de los que se recuperaron de dentro del estanque helado de Satschan, que Napoleón I había hecho vaciar. Llamada primero «columna de Austerlitz», luego «columna de la Victoria» y, finalmente, «columna de la Gran

Armada», acaba adoptando el nombre de la plaza en la que está erigida. Desmontada en 1871 durante la Comuna de París a petición de Gustave Courbet (pintor francés, 1819-1877), que desea desplazarla al Palacio de los Inválidos, en 1873 el presidente de la república Patrice de Mac-Mahon (1808-1893) la vuelve a colocar en su lugar original, a expensas del pintor.

REPERCUSIONES DE LA BATALLA

UN BALANCE TRÁGICO

La batalla de Austerlitz, a pesar de ser una victoria estraté-
gica, es un desastre humano: aunque el número de víctimas
y de heridos causado por la batalla es difícil de concretar,
la Gran Armada pierde alrededor del 15 % de sus efectivos,
entre muertos, heridos y prisioneros. A la cifra de muertos
en el campo de batalla (alrededor de 1500) se le debe añadir
la de los heridos (unos 7000) que morirán algunos días o
semanas después de la batalla.

El balance resulta todavía más trágico para los austríacos y
los rusos, que han perdido alrededor del 30 % de sus efectivos, la mitad de los cuales han muerto.

UNA ESTRATEGIA QUE HA PASADO A LA POSTERIDAD

Desde la Revolución, el ejército y la ingeniería militar pro-
gresan continuamente y la mayor parte de las victorias de
Napoleón I se debe a las innovaciones tácticas y técnicas,
que a su vez resultan muy útiles para el arte militar, inspi-
rando tanto los ejércitos americanos durante la guerra de
Secesión (1861-1865) como las enseñanzas de las escuelas
militares actuales.

Asimismo, la disposición de los cuerpos de armada juega
un papel destacado en Austerlitz. Las tropas austro-rusas
se ven castigadas por su falta de organización, frente a un

ejército francés ordenado de forma hábil: la artillería, que cada vez más a menudo se organiza en la retaguardia, ya no solamente sirve de apoyo para la infantería o para la caballería; en vez de estar esparcida por el campo de batalla, su concentración permite alimentar un fuego constante en un lugar preciso, como en el Goldbach o en los Altos de Pratzen. En cuanto a la caballería y la infantería, ya no están dispuestas sistemáticamente en filas, sino que están organizadas en columnas y son móviles e independientes unas de otras, lo que permite su despliegue o su concentración en puntos estratégicos cuando la ocasión lo requiere. Finalmente, la caballería pesada se lanza en masa, formando un cuerpo de asalto terrorífico para el enemigo.

Otra innovación consiste en la organización en divisiones (agrupando infantería, caballería, artillería y logística propia) que permite crear cuerpos de ejército independientes, pudiendo combatir solos antes de recibir los refuerzos del resto del ejército. Asimismo, tanto bajo la Revolución como durante el Imperio, ya no se contempla la posibilidad de dejar que el enemigo se repliegue: se persigue a las tropas en retirada siguiendo una lógica de destrucción total de la fuerza enemiga, como ocurrió en Austerlitz.

Por último, una de las características estratégicas propias de Napoleón I es tener la situación bajo control: organiza a sus tropas de una forma que obliga al enemigo a actuar según sus propósitos. Es capaz de desplegar su ejército a lo largo de cientos de kilómetros para rodear a su adversario, y luego puede hacer que se reagrupe en pocas horas para atacar de frente. La clave de sus éxitos militares radica muy a menudo en su capacidad para anticiparse a los hechos, para realizar maniobras con rapidez y también para improvisar.

UN TRATADO DECISIVO

Tras la dura derrota de Austerlitz, la suerte de los dos vencidos es distinta: por un lado, los rusos vuelven a su territorio, sin negociar la paz y con la capacidad de reconstituir sus fuerzas. Por otro, los austríacos, incapaces de recuperarse de las pérdidas sufridas, se ven obligados a firmar el Tratado de Presburgo con Napoleón I, que domina su capital. La firma del tratado tiene lugar el 26 de diciembre de 1805, y resulta de vital importancia ya que redibuja el mapa de Europa por completo y asienta el dominio del Imperio francés; en primer lugar, este dominio se consolida en el norte de Italia, ya que Napoleón obtiene el título de rey de Italia y, además, Austria entrega los territorios de Dalmacia y Venecia a Francia, que ya era aliada de Roma.

En Alemania, Austria debe desprenderse de numerosos territorios y ciudades, en provecho de Baviera, de Wurtemberg y de Baden, aliados del emperador francés, que recompensará su fidelidad y su resistencia frente a los ataques de Karl Mack durante el verano de 1805 confiriéndoles el título de reinos (o de Gran Ducado, en el caso de Baden), además de darle el título de gran duque de Berg a Joachim Murat.

La primera consecuencia que tienen estas cesiones es la creación de la Confederación del Rin, el 12 de julio de 1806. Fundada a partir de los Estados confederados del Rin —conformados, en particular, por Baviera, Wurtemberg y el Gran Ducado de Berg—, se le unen otros 13 príncipes alemanes que dejan el Sacro Imperio Romano Germánico del que dependían. La Confederación se coloca bajo el protectorado personal de Napoleón I, que organiza su política exterior y el control de los ejércitos.

Tras la deserción de los príncipes alemanes, el Sacro Imperio Romano Germánico, despojado de su parte alemana además de sus territorios italianos, pierde su sentido. El 1 de agosto de 1806 se disuelve la Dieta Imperial, y el 6 de agosto Francisco II renuncia a su título y se convierte en Francisco I, emperador de Austria.

Además de estas disposiciones territoriales, se obliga a Austria a pagar una compensación de 40 millones de francos.

UNA PAZ PRECARIA

Napoleón I extiende su influencia también en Holanda. El 24 de mayo de 1806, mediante la firma del Tratado de París, sustituye la República Bátava —antigua República de las Provincias Unidas, creada en 1795 por el Tratado de La Haya— por un reino cuyo mando otorga a su hermano Luis Bonaparte (1778-1846).

Prusia, que primero se muestra interesada en entrar en la tercera coalición, efectúa un giro brusco tras la victoria de Napoleón I en Austerlitz y acepta aliarse con el emperador.

Así, Francia extiende su influencia sobre la mayor parte de Europa, aliada o dueña de los países del Mediterráneo hasta el Danubio.

Sin embargo, Gran Bretaña, su eterna enemiga, no ha dicho la última palabra. A pesar del éxito de los franceses, la campaña de Austria compromete de forma definitiva su invasión de Inglaterra: el 21 de octubre de 1805, cuando Napoleón I gana la victoria en Ulm y se dirige hacia Viena, la flota inglesa del almirante Horatio Nelson (1758-1805) aplasta a la flota del almirante Pierre Charles de Villeneuve en Trafalgar.

La paz instaurada en Europa durará muy poco: Napoleón I pronto tendrá nuevas oportunidades para destacar en célebres batallas ya que, en octubre de 1806, se formará una cuarta coalición, integrada por Gran Bretaña, Prusia (que vive con gran inquietud la creación de la Confederación del Rin a sus puertas), Suecia y Rusia.

EN RESUMEN

1805

Mediados ag.: inicio de la guerra
de la tercera coalición

15-20 oct.: sitio de Olomouc

21 oct.: batalla de Trafalgar

14 nov.: toma de Viena

2 dic.: batalla de Austerlitz

26 dic.: Tratado de Presburgo;
fin de la guerra de la tercera coalición

1806

12 jul.: creación de la Confederación del Rin

6 ag.: fin del Sacro Imperio Romano Germánico

1 oct.: inicio de la guerra de la cuarta coalición

- Gran Bretaña, Rusia y Austria, tras haber formado dos coaliciones contra Francia, cuyos ideales revolucionarios e imperiales asustan a las cortes europeas, se alían de nuevo en la primavera de 1805.

- Napoleón I, que desea invadir Inglaterra, reúne a un nuevo ejército en Boulogne-sur-Mer: apodado la Gran Armada, está formado por cerca de 250 000 hombres.

- En agosto de 1805, el ejército austríaco del general Karl Mack penetra en Baviera, aliada de Francia. Frente a esta amenaza, y ante la inmovilización de la flota francesa en Cádiz, que compromete sus planes, Napoleón I decide lanzar a sus tropas hacia Europa del Este.

- Tras haber derrotado al ejército de Karl Mack en Ulm y

haber penetrado en Viena, Napoleón I prepara su ataque contra los ejércitos de los emperadores Francisco II y Alejandro I, que se pudieron unir en Olomouc, cerca del pueblo de Austerlitz.

- Después de haber fingido que se preparaban para rendirse, antes de que amanezca el 2 de diciembre de 1805 —aniversario de la proclamación del emperador francés— empiezan los combates para tomar los pueblos de Telnitz y de Sokolnitz.
- Durante la mañana del 2 de diciembre, franceses y austro-rusos luchan por el control de los Altos de Pratzen. Las tropas de Mikhail Kutuzov, sorprendidas por la fuerza de los franceses, tienen que abandonar el lugar y replegarse.
- A media tarde del mismo 2 de diciembre, las tropas coaligadas, seguidas de los soldados franceses, se retiran en desbandada: la Gran Armada ha ganado.
- La batalla de Austerlitz conllevará importantes reorganizaciones territoriales, que implicarán la desaparición del Sacro Imperio Romano Germánico y la creación del Imperio de Austria, de la Confederación del Rin y el acceso al poder de allegados del emperador, que dirigirán nuevos reinos.

¡Tu opinión nos interesa!
¡Deja un comentario en la página web de tu librería en línea,
y comparte tus favoritos en las redes sociales!

PARA IR MÁS ALLÁ

FUENTES BIBLIOGRÁFICAS

- Biard, Michel, Philippe Bourdin y Silvia Marzagalli. 2009. *1789-1815. Révolution, Empire, Consulat. Histoire de France*. París: Belin.
- Boudon, Jacques-Olivier. 2006. *La France et l'Europe de Napoléon*. París: Armand Colin.
- Garnier, Jacques. 2005. *La bataille d'Austerlitz*. París: Fayard.
- Miquel, Pierre. 2005. *Austerlitz, la bataille des trois empereurs*. París: Albin Michel.
- Museo del ejército. 2007. *Austerlitz, Napoléon au cœur de l'Europe*. París: Economica.
- Tulard, Jean. 2002. *Napoléon au jour le jour, 1769-1821*. París: Tallandier.

FUENTES COMPLEMENTARIAS

- Bonaparte, Napoleón. 2008. *Correspondance générale*. París: Fayard.
- Brun, Jean-François. 2009. "Les unités étrangères dans les armées napoléoniennes: un élément de la stratégie globale du Grand Empire". *Revue historique des armées*, 255.
- Bulletin de la Grande Armée. 1805. *Bulletin de la Grande Armée*, n.º 30. 12 de frimario del año XIV, 2 de diciembre. París: Bibliothèque nationale de France.
- Girard, Patrick. 2005. *Austerlitz. La bataille des Trois-Empereurs racontée par un soldat autrichien*. París: J.-C.

Gawsewitch.

- *La bataille d'Austerlitz*. Dirigido por Élodie
Courtejoie, con Jean Tulard. Canal Académie, 2005.
Consultado el 30 de enero de 2017. http://www.
canalacademie.com/ida445-La-bataille-d-Austerlitz-1-4.
html?var_recherche=Austerlitz
- Musée de l'Armée. Consultado el 30 de enero de 2017.
http://www.musee-armee.fr/collections.html
- Vialupo, *"Austerlitz 1805-2005. La bataille des trois
empereurs"*. Consultado el 30 de enero de 2017. http://
www.vialupo.com/austerlitz/index.html

FUENTES ICONOGRÁFICAS

- *Napoleón atravesando los Alpes por el Gran San Bernardo*,
pintura de Jacques-Louis David, 1801. La imagen
reproducida está libre de derechos.
- *Napoleón acepta la rendición del general Mack y del
ejército austríaco en Ulm*. Pintura de Charles Thévenin. La
imagen reproducida está libre de derechos.
- Napoleón y Francisco II tras la batalla de Austerlitz. La
imagen reproducida está libre de derechos.

PELÍCULA Y TELEFILME

- *Austerlitz*. Dirigido por Abel Gance, con Pierre Mondy,
Jean Marais y Martine Carol. Francia, Italia, Yugoslavia y
Liechtenstein: 1960.
- *Napoleón*. Miniserie dirigida por Yves Simoneau, con
Christian Clavier, Isabella Rossellini y Gérard Depardieu.
Francia: A&E, 2002.

LITERATURA

- Tolstói, León. 1865-1869. *Guerra y paz.*
- Gallo, Max. 1999. *Napoleón. Del canto de partida al sol de Austerlitz.*

PINTURAS

- Vernet, Antoine Charles Horace (pintor, dibujante y litógrafo francés, 1758-1836). 1808. *Napoléon Ier donnant l'ordre de la bataille d'Austerlitz* (Napoleón I ordenando combatir en Austerlitz). Versalles: Palacio de Versalles.
- Lejeune, Louis-François (pintor y general francés, 1775-1848). 1808. *Vivaque de Napoleón I.* Versalles: Palacio de Versalles.
- Gérard, François (pintor francés, 1770-1837). 1810. *La Batalla de Austerlitz.* Versalles: Palacio de Versalles.
- Meissonier, Jean Louis Ernest (pintor y escultor francés, 1815-1891). 1878. *Austerlitz avant la charge* (Austerlitz antes de la carga). París: Museo de Orsay.

EDIFICIOS CONMEMORATIVOS

- El Palacio Nacional de los Inválidos, en París, Francia.
- La columna Vendôme, en París, Francia.
- El Arco de Triunfo, en París, Francia.
- El Monumento a la Paz, en la colina de Pracký, antiguos Altos de Pratzen, República Checa.

en50MINUTOS.es
Historia
Economía y empresa
Coaching
EL DIAGRAMA DE ISHIKAWA
Material Método Máquina
Madre Naturaleza Medida Hombres
LA GUERRA DE PALESTINA DE 1948
DOMINA EL ARTE DEL NETWORKING